Impressum
Verlag: BABADADA GmbH, Nedderfeld 112 , 22529 Hamburg
Geschäftsführer / Verlagsleitung: Harald Hof
Druck: Books on Demand GmbH, In de Tarpen 42, 22848 Norderstedt

Imprint
Publisher: BABADADA GmbH, Nedderfeld 112 , 22529 Hamburg, Germany
Managing Director / Publishing direction: Harald Hof
Print: Books on Demand GmbH, In de Tarpen 42, 22848 Norderstedt, Germany

mokykla

school

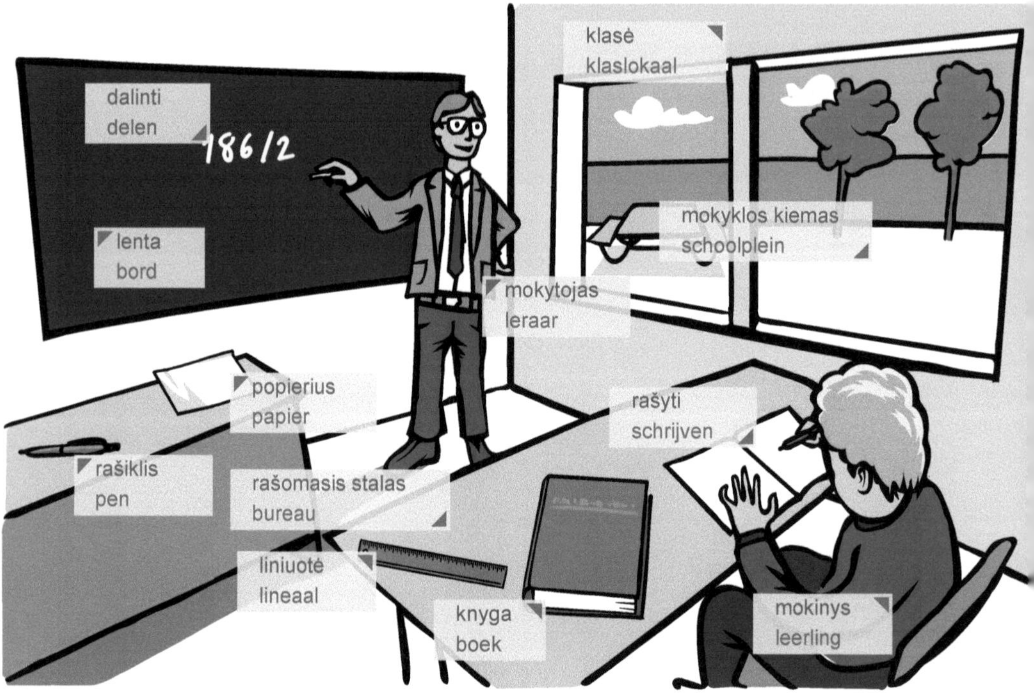

klasė
klaslokaal
dalinti
delen
186/2
lenta
bord
mokyklos kiemas
schoolplein
mokytojas
leraar
popierius
papier
rašyti
schrijven
rašiklis
pen
rašomasis stalas
bureau
liniuotė
lineaal
knyga
boek
mokinys
leerling

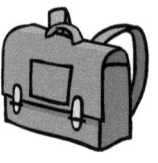

kuprinė

schooltas

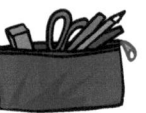

penalas

etui

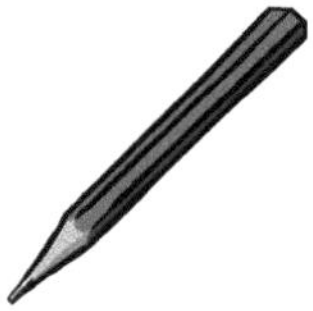

pieštukas

potlood

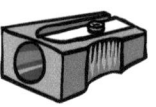

drožtukas

puntenslijper

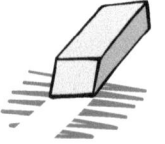

trintukas

gum

piešimo bloknotas

schetsblok

piešinys

tekening

teptukas

penseel

dažų dėžutė

verfdoos

žirklės

schaar

klijai

lijm

vadovėlis

schrift

namų darbai

huiswerk

numeris

getal

2+2

pridėti

optellen

5-2

atimti

aftrekken

dauginti

vermenigvuldigen

skaičiuoti

rekenen

raidė

letter

abėcėlė

alfabet

žodis

woord

tekstas
tekst

skaityti
lezen

kreida
krijt

pamoka
les

dienynas
klassenboek

egzaminas
examen

pažymėjimas
diploma

mokyklinė uniforma
schooluniform

išsilavinimas
opleiding

enciklopedija
encyclopedie

universitetas
universiteit

mikroskopas
microscoop

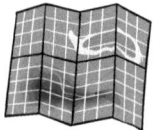

žemėlapis
kaart

šiukšliadėžė
prullenmand

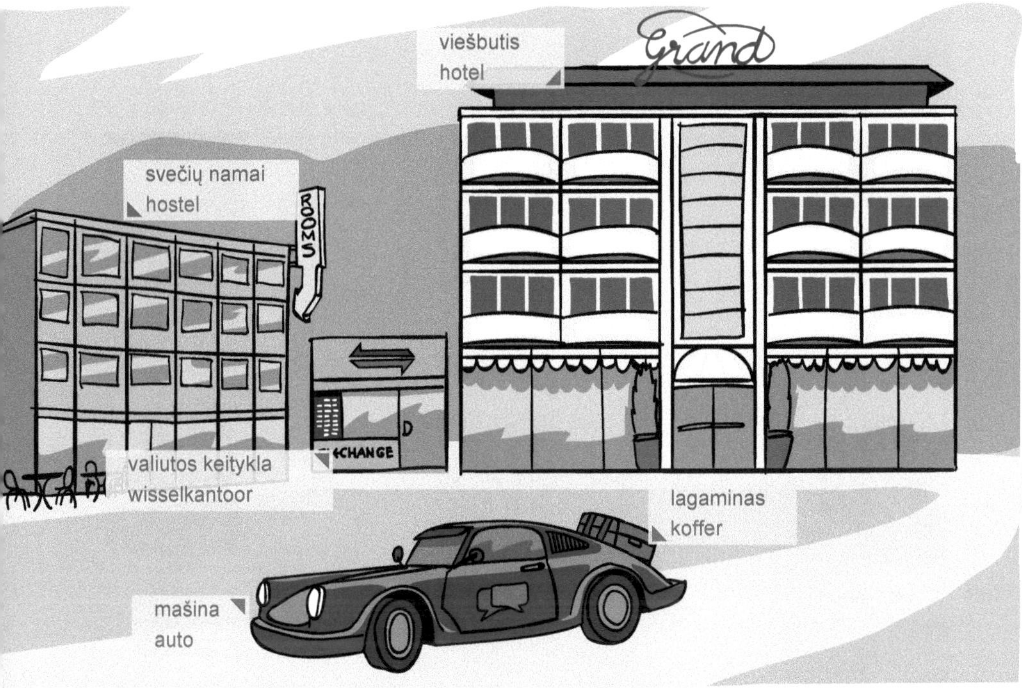

viešbutis
hotel
Grand
svečių namai
hostel
ROOMS
valiutos keitykla
wisselkantoor
lagaminas
koffer
mašina
auto

kalba
taal

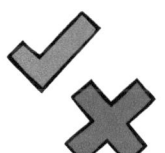

taip / ne
ja / nee

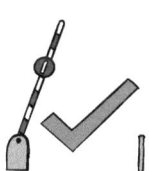

Gerai
oké

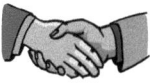

sveiki
Hallo!

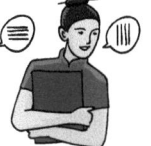

vertėjas raštu
tolk

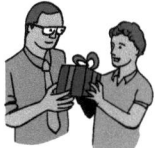

Ačiū
Bedankt.

kiek kainuoja...?

Wat kost ...?

aš nesuprantu

Ik begrijp het niet.

problema

probleem

Labas vakaras!

Goedenavond!

Labas rytas!

Goedemorgen!

Labos nakties!

Goedenacht!

viso gero

Tot ziens!

kryptis

richting

bagažas

bagage

krepšys

tas

kuprinė

rugzak

svečias

gast

kambarys

kamer

miegmaišis

slaapzak

palapinė

tent

kelionė - reis

turizmo informacija

VVV-kantoor

paplūdimys

strand

kreditinė kortelė

creditkaart

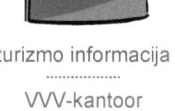

pusryčiai

ontbijt

pietūs

lunch

vakarienė

diner

bilietas

kaartje

liftas

lift

pašto ženklas

postzegel

siena

grens

muitinė

douane

ambasada

ambassade

viza

visum

pasas

paspoort

transportas
transport

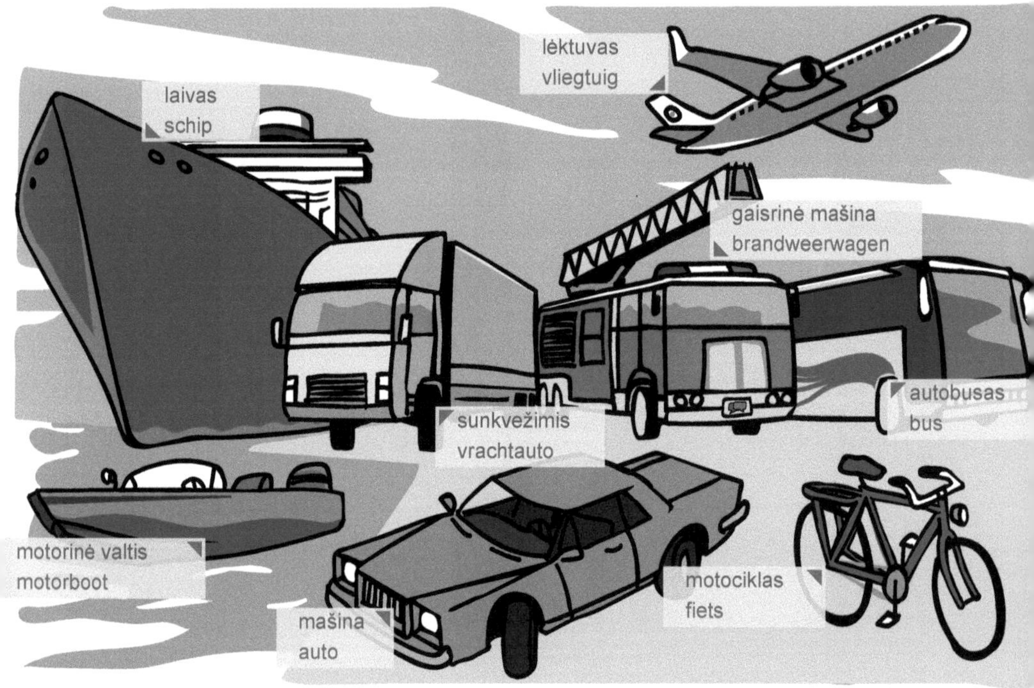
lėktuvas
vliegtuig
laivas
schip
gaisrinė mašina
brandweerwagen
autobusas
bus
sunkvežimis
vrachtauto
motorinė valtis
motorboot
motociklas
fiets
mašina
auto

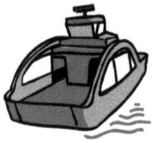

keltas
....
veerboot

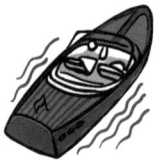

valtis
....
boot

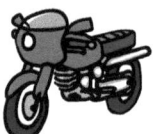

mopedas
....
motorfiets

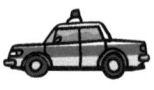

policijos automobilis
....
politiewagen

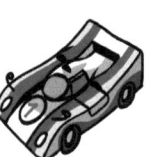

lenktyninis automobilis
....
raceauto

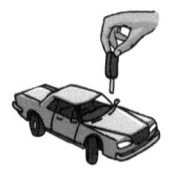

nuomojamas automobilis
....
huurauto

bendras automobilio
naudojimas
....
carsharing

techninės pagalbos
automobilis
....
takelwagen

šiukšliavežė
....
vuilniswagen

variklis
....
motor

degalai
....
benzine

degalinė
....
benzinepomp

kelio ženklas
....
verkeersbord

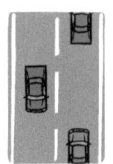

eismas
....
verkeer

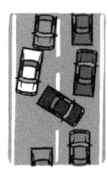

eismo spūstis
....
file

mašinų stovėjimo aikštelė
....
parkeerplaats

traukinių stotis
....
station

bėgiai
....
rails

traukinys
....
trein

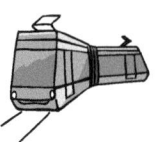

tramvajus
....
tram

vagonas
....
wagon

sraigtasparnis

helikopter

oro uostas

luchthaven

bokštas

toren

keleivis

passagier

konteineris

container

dėžė

verhuisdoos

vežimėlis

kar

krepšys

mand

pakilti / nusileisti

opstijgen / landen

miestas

stad

kaimas

dorp

miesto centras

stadscentrum

namas

huis

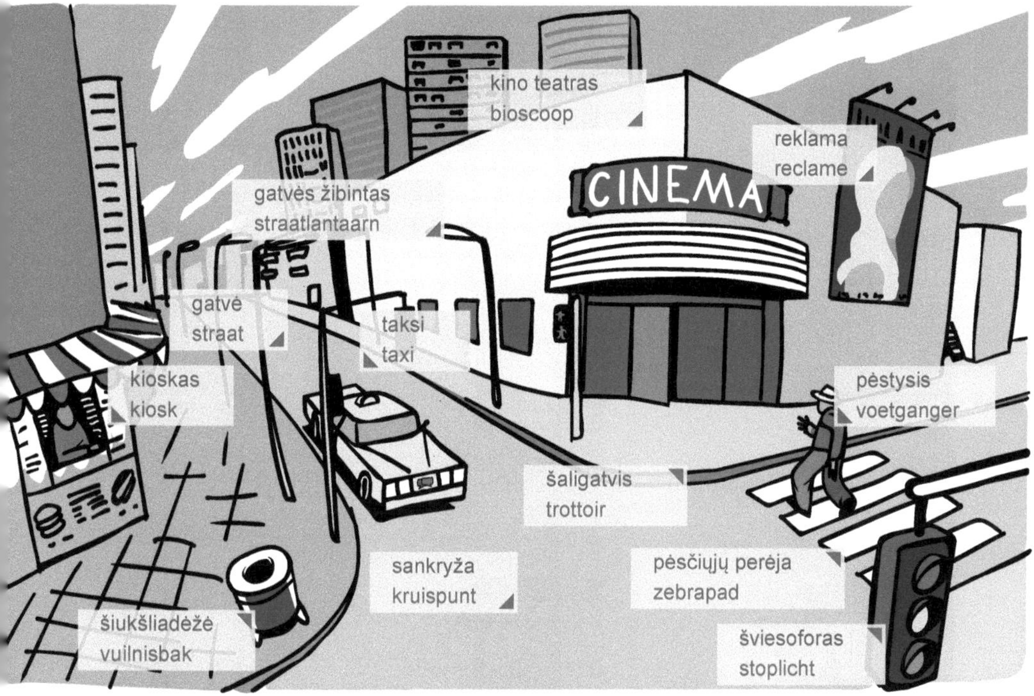

kino teatras
bioscoop

reklama
reclame

gatvės žibintas
straatlantaarn

CINEMA

gatvė
straat

taksi
taxi

pėstysis
voetganger

kioskas
kiosk

šaligatvis
trottoir

sankryža
kruispunt

pėsčiųjų perėja
zebrapad

šiukšliadėžė
vuilnisbak

šviesoforas
stoplicht

trobelė
hut

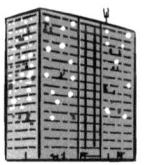

butas
appartement

traukinių stotis
station

rotušė
stadhuis

muziejus
museum

mokykla
school

universitetas

universiteit

bankas

bank

ligoninė

ziekenhuis

viešbutis

hotel

vaistinė

apotheek

biuras

kantoor

knygynas

boekenwinkel

parduotuvė

winkel

gėlių parduotuvė

bloemenwinkel

prekybos centras

supermarkt

turgus

markt

universalinė parduotuvė

warenhuis

žuvies parduotuvė

visboer

prekybos centras

winkelcentrum

uostas

haven

parkas

park

suoliukas

bank

tiltas

brug

laiptai

trap

metro

metro

tunelis

tunnel

autobusų stotelė

bushalte

baras

bar

restoranas

restaurant

lauko pašto dėžutė

brievenbus

kelio ženklas

straatnaambord

parkomatas

parkeermeter

zoologijos sodas

dierentuin

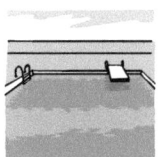

baseinas

zwembad

mečetė

moskee

ūkininko ūkis

boerderij

tarša

vervuiling

kapinės

begraafplaats

bažnyčia

kerk

žaidimų aikštelė

speelplaats

šventykla

tempel

kraštovaizdis
landschap

lapas
blad

kelio rodyklė
wegwijzer

kelias
weg

pieva
weide

akmuo
steen

medis
boom

ėjikas
wandelaar

upė
rivier

žolė
gras

gėlė
bloem

slėnis

vallei

kalva

berg

ežeras

meer

miškas

bos

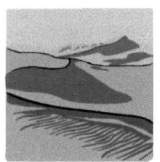

dykuma

woestijn

ugnikalnis

vulkaan

pilis

kasteel

vaivorykštė

regenboog

grybas

paddenstoel

palmė

palmboom

uodas

mug

musė

vlieg

skruzdėlė

mier

bitė

bij

voras

spin

vabalas

kever

varlė

kikker

voverė

eekhoorn

ežys

egel

kiškis

haas

pelėda

uil

paukštis

vogel

gulbė

zwaan

šernas

wild zwijn

elnias

hert

briedis

eland

užtvanka

stuwdam

vėjo jėgainė

windmolen

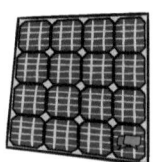

saulės baterija

zonnepaneel

klimatas

klimaat

restoranas

restaurant

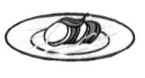

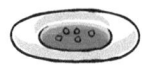

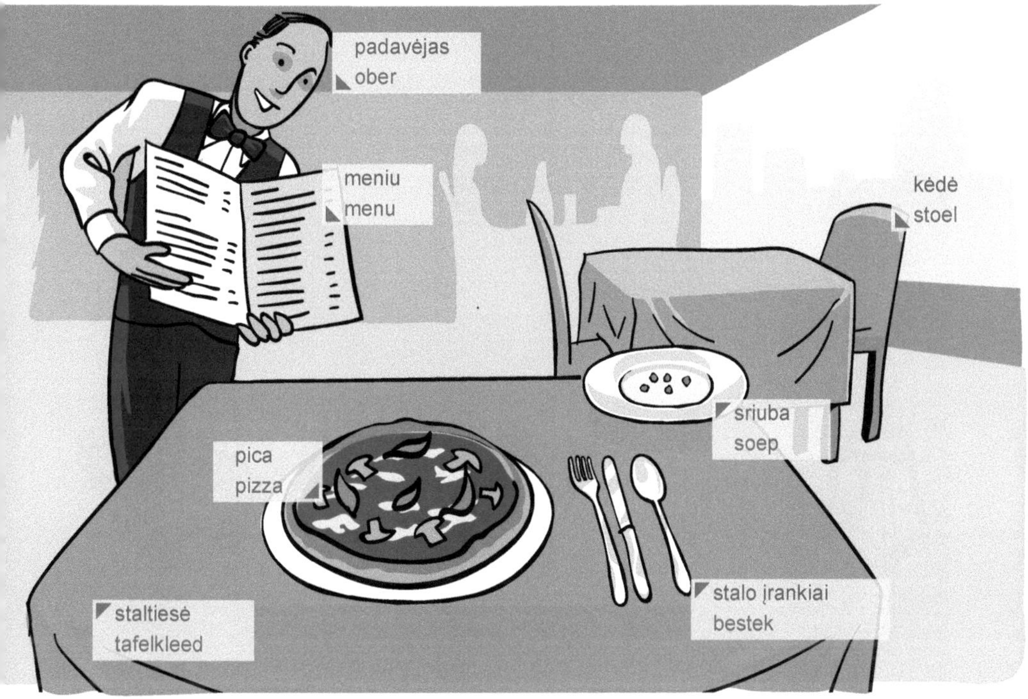
padavėjas
ober
meniu
menu
kėdė
stoel
sriuba
soep
pica
pizza
staltiesė
tafelkleed
stalo įrankiai
bestek

užkandis

voorgerecht

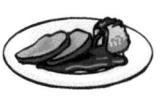

pagrindinis patiekalas

hoofdgerecht

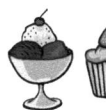

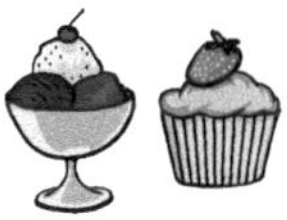

desertas

toetje

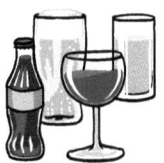

gėrimai

dranken

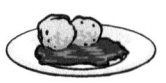

maistas

eten

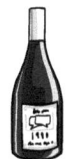

butelis

fles

greitai pateikiamas maistas

fastfood

gatvės maistas

eetkraampje

arbatinukas

theepot

cukrinė

suikerpot

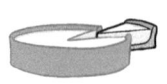

porcija

portie

espreso aparatas

espressomachine

aukšta kėdė

kinderstoel

sąskaita

rekening

padėklas

dienblad

peilis

mes

šakutė

vork

šaukštas

lepel

arbatinis šaukštelis

theelepel

servetėlė

servet

stiklinė

glas

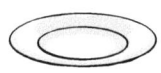

lėkštė

bord

sriubos lėkštė

soepbord

padėklas

schotel

padažas

saus

druskinė

zoutvaatje

pipirų malūnėlis

pepermolen

actas

azijn

aliejus

olie

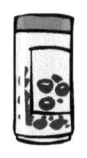

prieskoniai

kruiden

kečupas

ketchup

garstyčios

mosterd

majonezas

mayonaise

prekybos centras
supermarkt

specialus pasiūlymas
aanbieding
FOR
pirkėjas
klant
pieno produktai
zuivelproducten
vaisiai
fruit
troleibusas
winkelwagen

BUTCHERS

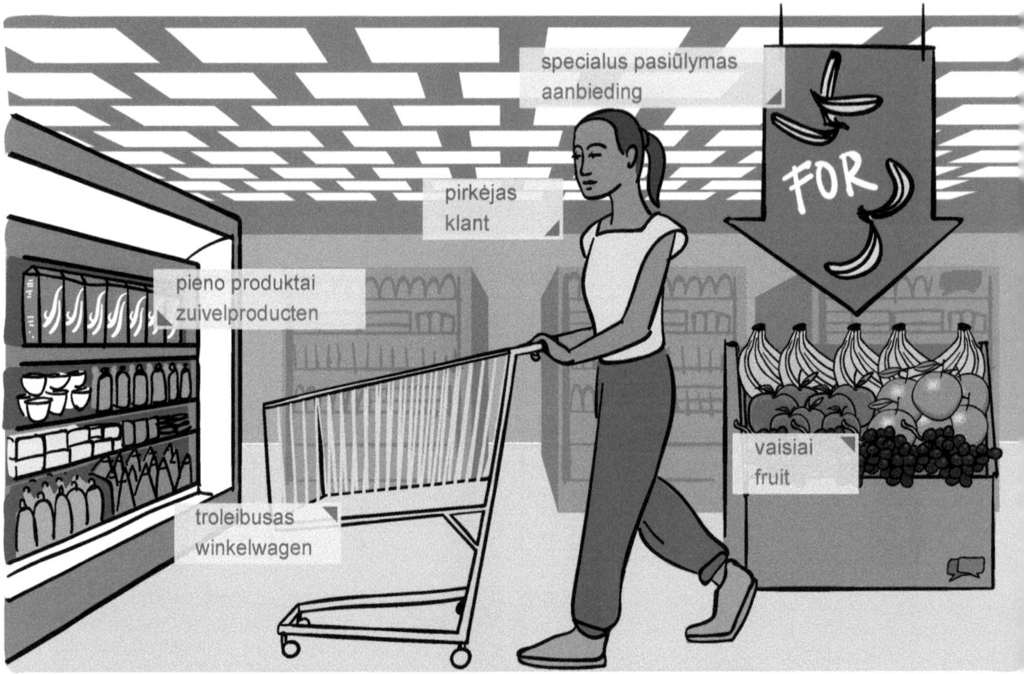

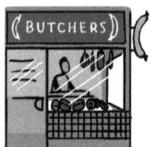

mėsos parduotuvė

slager

BAKERY

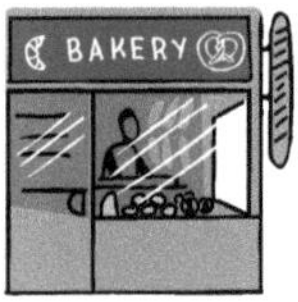

kepykla

bakkerij

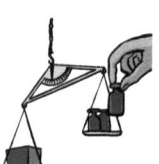

sverti

wegen

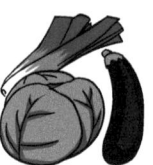

daržovės

groente

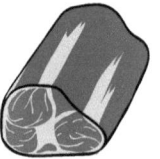

mėsa

vlees

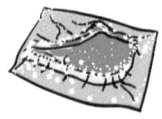

šaldytas maistas

diepvriesproducten

šalti mėsos užkandžiai

vleeswaren

konservai

conserven

skalbimo milteliai

wasmiddel

saldumynai

snoepgoed

ūkinės prekės

huishoudelijke artikelen

valymo priemonės

schoonmaakmiddel

pardavėja

verkoopster

kasos aparatas

kassa

kasininkas

kassier

pirkinių sąrašas

boodschappenlijstje

darbo valandos

openingstijden

piniginė

portefeuille

kreditinė kortelė

creditkaart

maišelis

tas

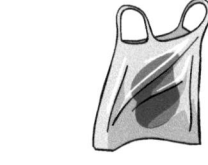

plastikinis maišelis

plastic zak

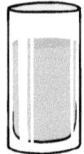

vanduo

water

sultys

sap

pienas

melk

kola

cola

vynas

wijn

alus

bier

alkoholis

alcohol

kakava

chocolademelk

arbata

thee

kava

koffie

espresas

espresso

kapučinas

cappuccino

bananas

banaan

obuolys

appel

apelsinas

sinaasappel

arbūzas

watermeloen

citrina

citroen

morka

wortel

česnakas

knoflook

bambukas

bamboe

svogūnas

ui

grybas

paddenstoel

riešutai

noten

makaronai

pasta

spagečiai

spaghetti

ryžiai

rijst

salotos

salade

traškučiai

friet

keptos bulvės

gebakken aardappelen

pica

pizza

mėsainis

hamburger

sumuštinis

sandwich

pjausnys

schnitzel

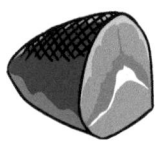

kumpis

ham

saliamis

salami

dešrelė

worst

vištiena

kip

kepsnys

gebraad

žuvis

vis

avižų dribsniai

havermout

dribsniai su priedais

muesli

kukurūzų dribsniai

cornflakes

miltai

meel

prancūziškasis ragelis

croissant

bandelė

broodjes

duona

brood

skrebutis

toast

sausainiai

koekjes

sviestas

boter

varškė

kwark

tortas

taart

kiaušinis

ei

kiaušinienė

gebakken ei

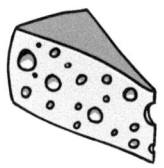

sūris

kaas

ledai

ijs

cukrus

suiker

medus

honing

uogienė

jam

tepamas šokoladas

chocoladepasta

karis

kerrie

maistas - eten

ūkininko ūkis
boerderij

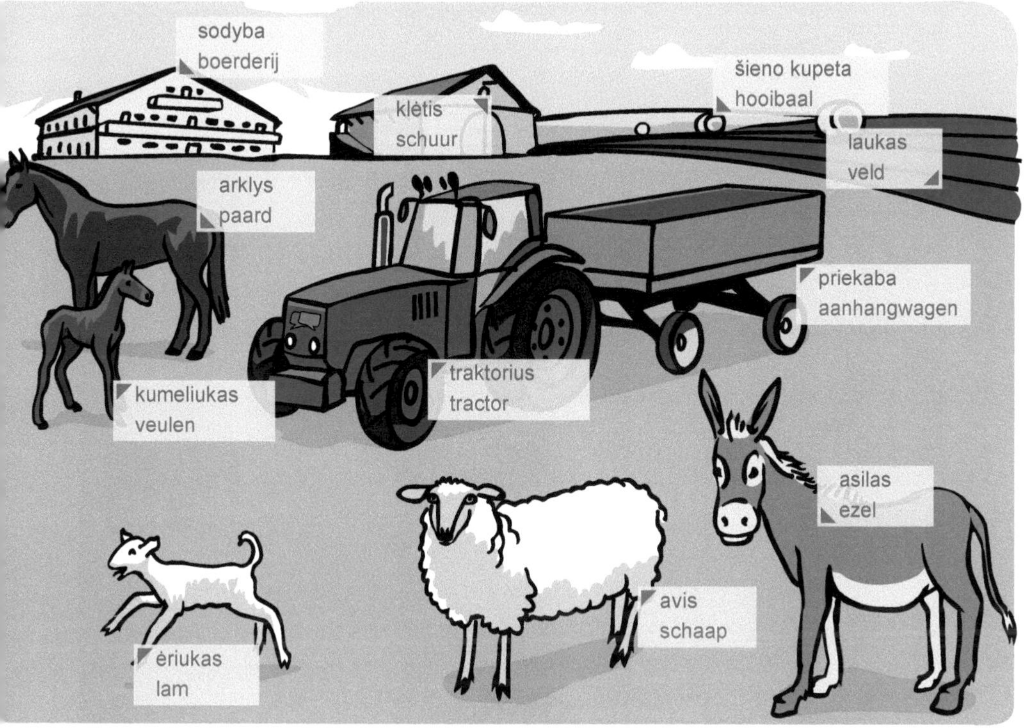
sodyba
boerderij
klėtis
schuur
šieno kupeta
hooibaal
laukas
veld
arklys
paard
priekaba
aanhangwagen
traktorius
tractor
kumeliukas
veulen
asilas
ezel
avis
schaap
ėriukas
lam

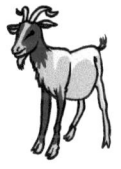

ožys
geit

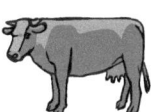

karvė
koe

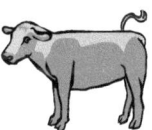

veršis
kalf

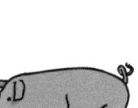

kiaulė
varken

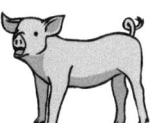

paršelis
big

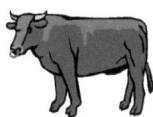

bulius
stier

žąsis

gans

antis

eend

viščiukas

kuiken

višta

kip

gaidys

haan

žiurkė

rat

katė

kat

pelė

muis

jautis

os

šuo

hond

šuns būda

hondenhok

sodo namas

tuinslang

laistytuvas

gieter

dalgis

zeis

plūgas

ploeg

pjautuvas
sikkel

kauptukas
schoffel

šakės
hooivork

kirvis
bijl

statinė
kruiwagen

lovys
trog

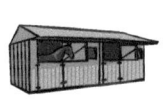

bidonas
melkbus

maišas
zak

tvora
hek

arklidė
stal

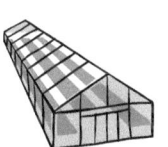

šiltnamis
broeikas

dirva
grond

sėkla
zaad

trąšos
mest

kombainas
maaidorser

rinkti
....
oogsten

derlius
....
oogst

saldžiosios bulvės
....
yam

kviečiai
....
tarwe

soja
....
soja

bulvė
....
aardappel

kukurūzai
....
maïs

rapsai
....
koolzaad

vaismedis
....
fruitboom

manijokas
....
maniok

grūdai
....
granen

namas
huis

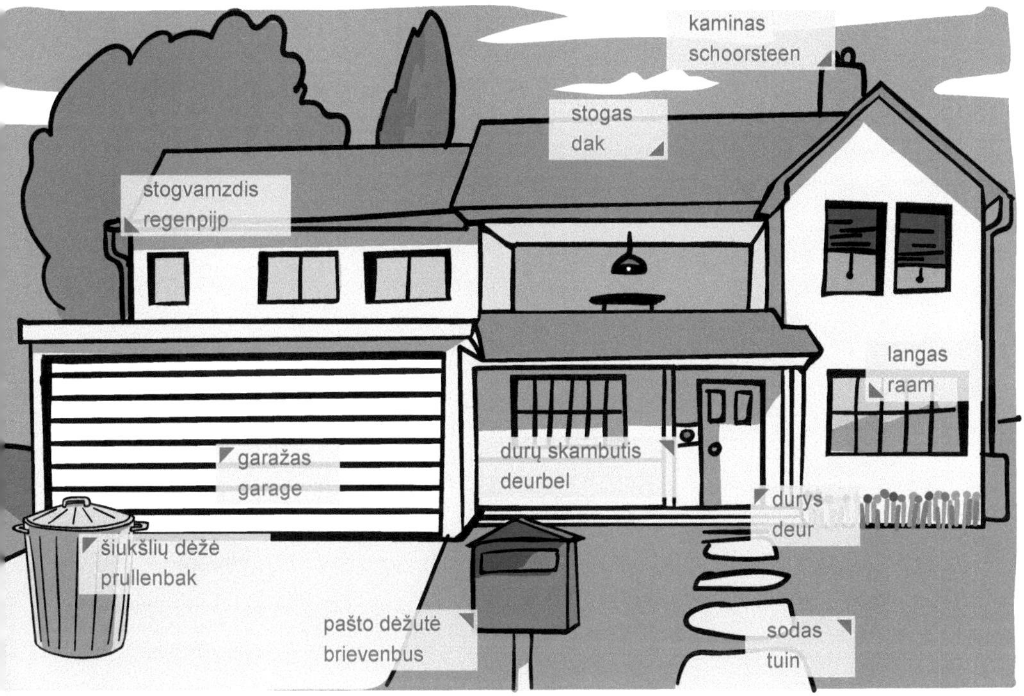

kaminas
schoorsteen
stogas
dak
stogvamzdis
regenpijp
langas
raam
garažas
garage
durų skambutis
deurbel
durys
deur
šiukšlių dėžė
prullenbak
pašto dėžutė
brievenbus
sodas
tuin

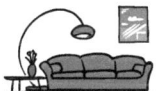

svetainė
woonkamer

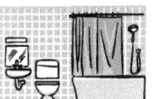

vonios kambarys
badkamer

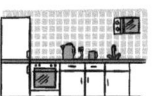

virtuvė
keuken

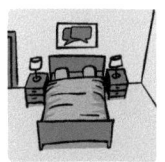

miegamasis
slaapkamer

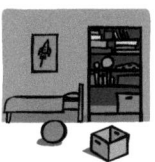

vaiko kambarys
kinderkamer

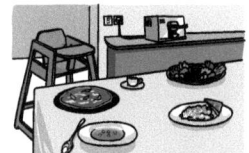

valgomasis
eetkamer

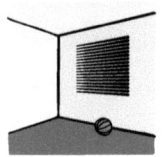

grindys

vloer

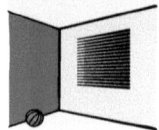

siena

muur

lubos

plafond

rūsys

kelder

sauna

sauna

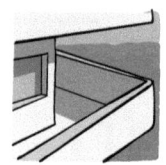

balkonas

balkon

terasa

terras

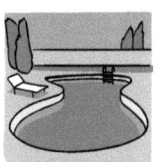

baseinas

zwembad

žoliapjovė

grasmaaier

paklodė

laken

lovatiesė

bedsprei

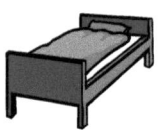

lova

bed

šluota

bezem

kibiras

emmer

jungiklis

schakelaar

svetainė
woonkamer

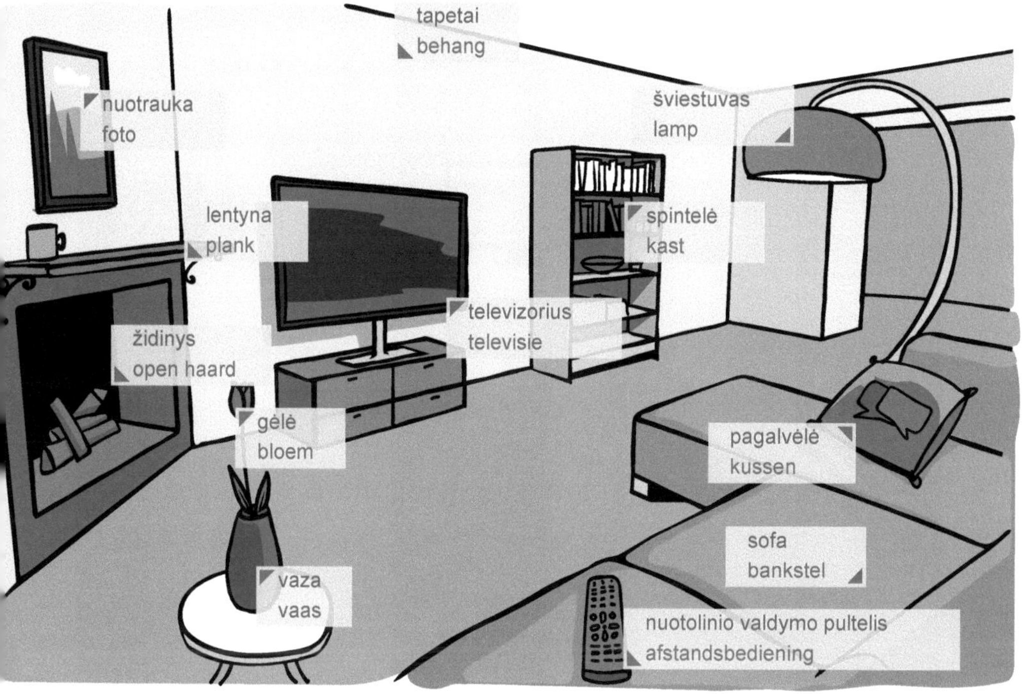

tapetai
behang
nuotrauka
foto
šviestuvas
lamp
lentyna
plank
spintelė
kast
televizorius
televisie
židinys
open haard
gėlė
bloem
pagalvėlė
kussen
sofa
bankstel
vaza
vaas
nuotolinio valdymo pultelis
afstandsbediening

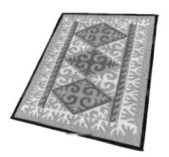

kilimas

tapijt

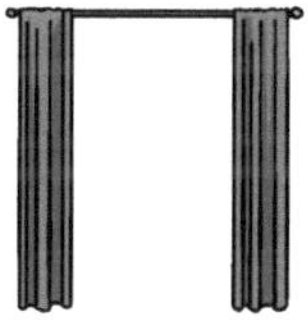

užuolaida

gordijn

stalas

tafel

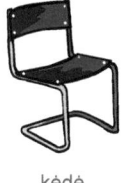

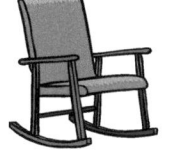

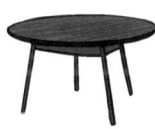

kėdė

stoel

supamasis krėslas

schommelstoel

fotelis

stoel

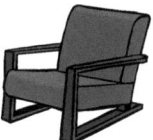

knyga

boek

antklodė

deken

papuošimai

decoratie

malkos

brandhout

filmas

film

stereo aparatūra

stereo-installatie

raktas

sleutel

laikraštis

krant

paveikslas

schilderij

plakatas

poster

radijas

radio

užrašų knygelė

kladblok

dulkių siurblys

stofzuiger

kaktusas

cactus

žvakė

kaars

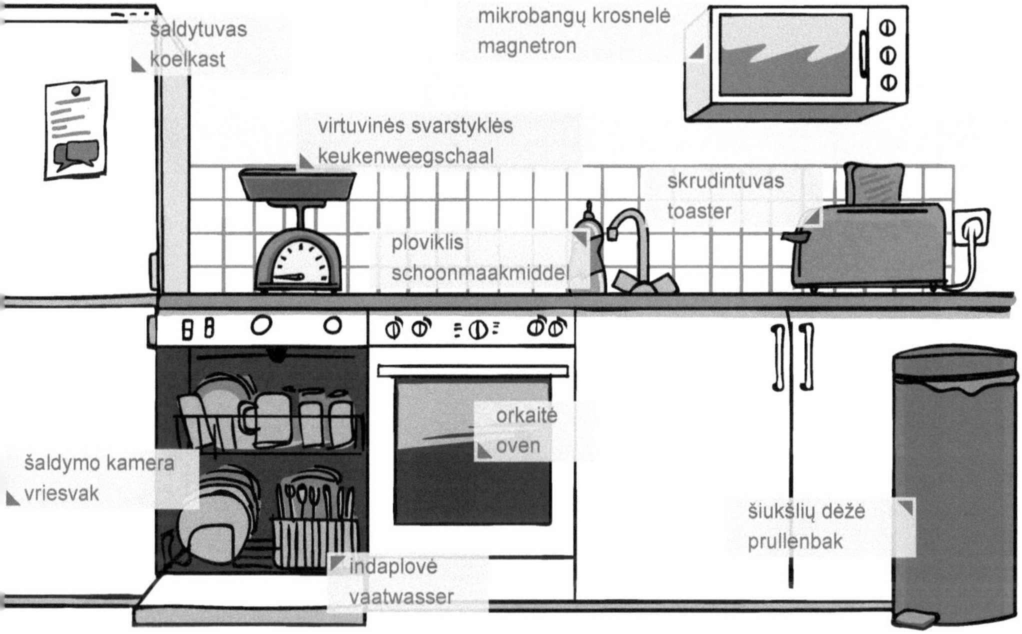

šaldytuvas
koelkast

mikrobangų krosnelė
magnetron

virtuvinės svarstyklės
keukenweegschaal

skrudintuvas
toaster

ploviklis
schoonmaakmiddel

orkaitė
oven

šaldymo kamera
vriesvak

šiukšlių dėžė
prullenbak

indaplovė
vaatwasser

viryklė
fornuis

puodas
pan

ketaus puodas
gietijzeren pan

„wok" keptuvė
wok / kadai

keptuvė
koekenpan

virdulys
ketel

garų puodas

stoomkoker

kepimo skarda

bakplaat

porceliano indai

servies

puodelis

beker

dubuo

kom

valgomosios lazdelės

eetstokjes

samtis

soeplepel

mentelė

spatel

plaktuvas

garde

koštuvas

vergiet

sietas

zeef

trintuvė

rasp

grūstuvė

vijzel

kepsninė

barbecue

atvira liepsna

vuurhaard

pjaustymo lentelė

snijplank

kočėlas

deegroller

kamščiatraukis

kurkentrekker

skardinė

blik

skardinių atidarytuvas

blikopener

puodkėlė

pannenlap

kriauklė

wasbak

šepetys

borstel

kempinė

spons

trintuvas

blender

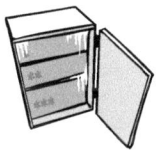

šaldiklis

vriezer

kūdikių buteliukas

babyflesje

čiaupas

kraan

vonios kambarys
badkamer

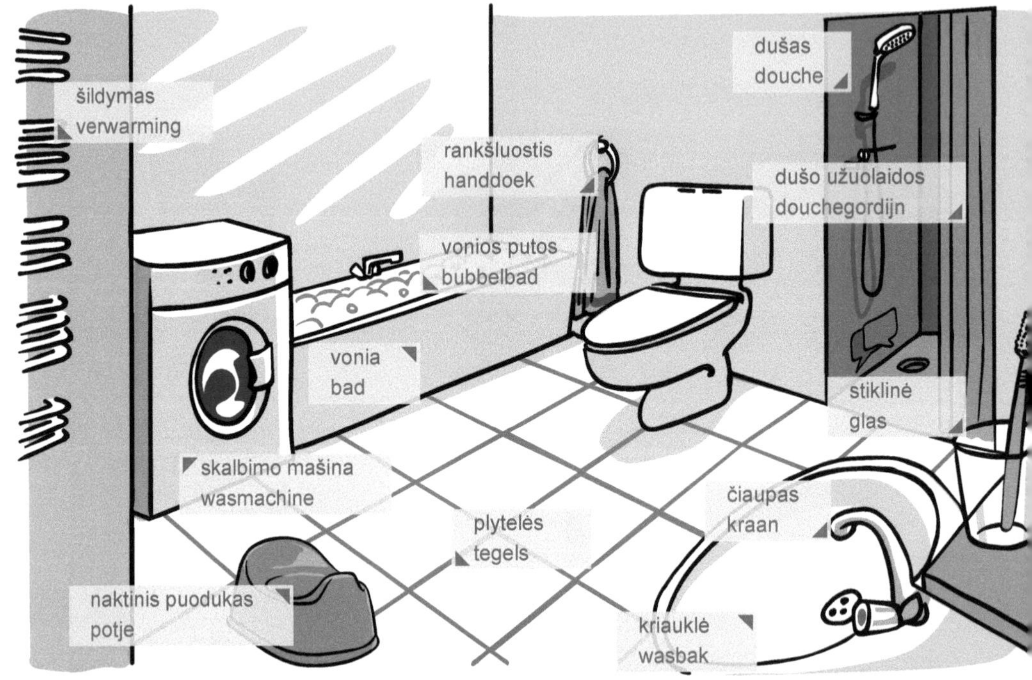

šildymas
verwarming
rankšluostis
handdoek
dušas
douche
dušo užuolaidos
douchegordijn
vonios putos
bubbelbad
vonia
bad
stiklinė
glas
skalbimo mašina
wasmachine
čiaupas
kraan
plytelės
tegels
naktinis puodukas
potje
kriauklė
wasbak

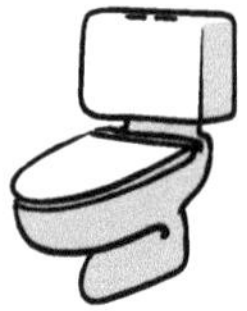

unitazas

toilet

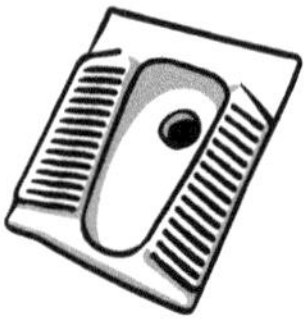

tupimasis unitazas

hurktoilet

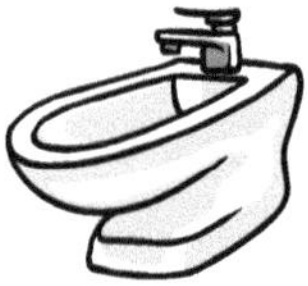

bidė

bidet

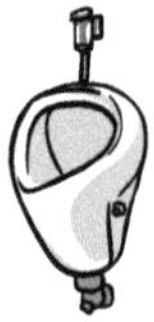

pisuaras

urinoir

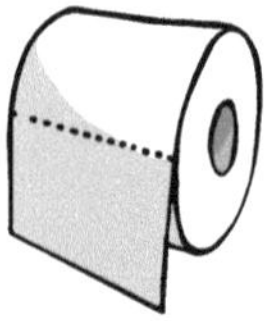

tualetinis popierius

toiletpapier

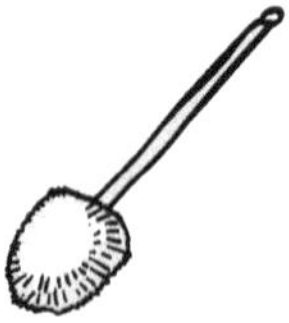

unitazo šepetys

toiletborstel

dantų šepetėlis

tandenborstel

dantų pasta

tandpasta

dantų siūlas

flosdraad

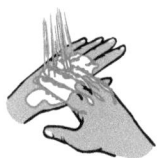

plauti

wassen

dušo galvutė

handdouche

higieninis dušas

toiletdouche

praustuvas

waskom

nugaros plaušinė

rugborstel

muilas

zeep

dušo želė

douchegel

šampūnas

shampoo

plaušinė

washanje

kanalizacija

afvoer

kremas

creme

dezodorantas

deodorant

veidrodis

spiegel

veidrodėlis

make-upspiegel

skustuvas

scheermes

skutimosi putos

scheerschuim

losjonas po skutimosi

aftershave

šukos

kam

šepetys

borstel

plaukų džiovintuvas

haardroger

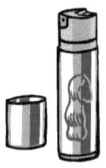

plaukų lakas

haarspray

makiažas

make-up

lūpdažis

lippenstift

nagų lakas

nagellak

vata

watten

žirklutės nagams

nagelschaartje

kvepalai

parfum

maišelis skalbiniams

toilettas

taburetė

kruk

svarstyklės

weegschaal

chalatas

badjas

guminės pirštinės

rubber handschoenen

tamponas

tampon

higieninis įklotas

maandverband

biotualetas

chemisch toilet

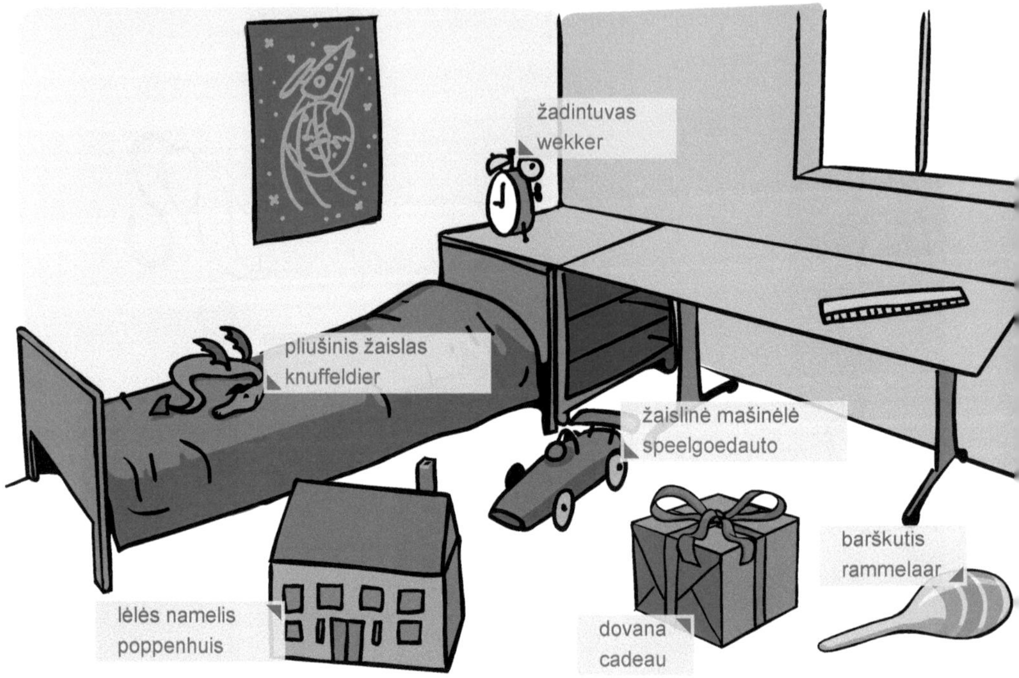

žadintuvas
wekker

pliušinis žaislas
knuffeldier

žaislinė mašinėlė
speelgoedauto

barškutis
rammelaar

lėlės namelis
poppenhuis

dovana
cadeau

balionas
....
ballon

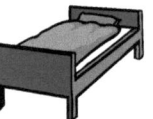

lova
....
bed

vaikiškas vežimėlis
....
kinderwagen

kortų malka
....
kaartspel

delionė
....
puzzel

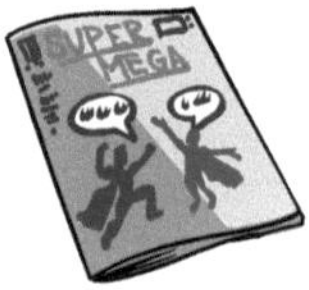

komiksai
....
stripverhaal

lego kaladėlės

legostenen

žaislinės kaladėlės

speelgoedblokken

figūrėlė

actiefiguurtje

šliaužtinukai

romper

mėtymo lėkštė

frisbee

karuselė

mobile

stalo žaidimas

bordspel

kauliukai

dobbelsteen

žaislinis traukinys

modeltrein

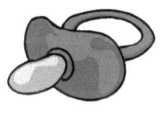

žindukas

speen

vakarėlis

feestje

paveiksliukų knygelė

prentenboek

kamuolys

bal

lėlė

pop

žaisti

spelen

smėlio dėžė

zandbak

sūpynės

schommel

žaislai

speelgoed

žaidimų konsolė

spelcomputer

triratukas

driewieler

meškiukas

teddybeer

drabužių spinta

kleerkast

drabužis

kleding

kojinės

sokken

kojinės virš kelių

kousen

pėdkelnės

panty

šalikas
sjaal

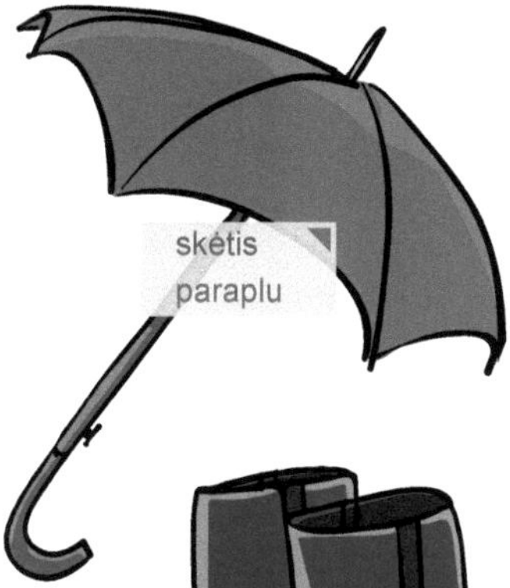

diržas
riem

skėtis
paraplu

marškinėliai
T-shirt

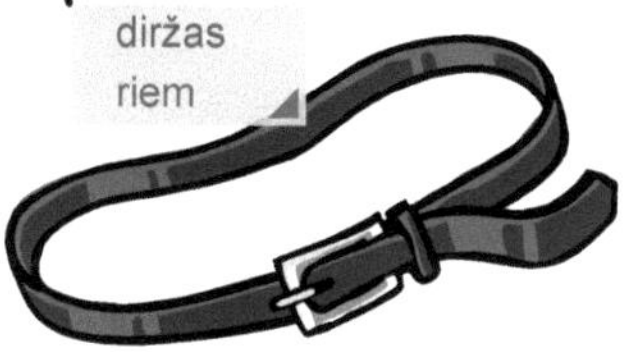

ilgaauliai batai
laarzen

šlepetės
pantoffels

sportbačiai
sportschoenen

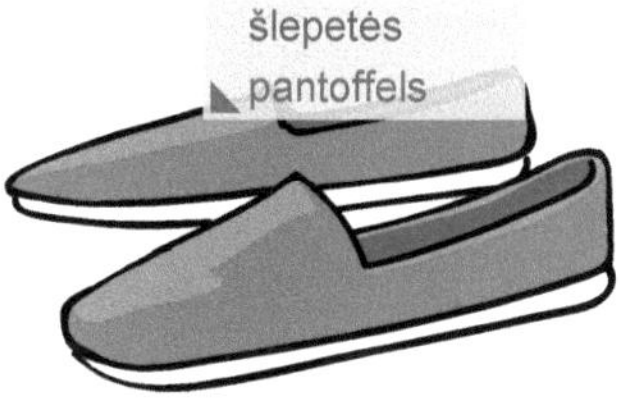

sandalai
....
sandalen

batai
....
schoenen

guminiai batai
....
rubberlaarzen

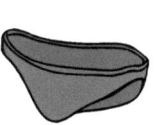

trumpikės
....
onderbroek

liemenėlė
....
beha

liemenė
....
onderhemd

glaustinukė
body

kelnės
broek

džinsai
spijkerbroek

sijonas
rok

palaidinė
blouse

marškiniai
overhemd

megztinis
trui

megztinis su gobtuvu
hoody

švarkelis
blazer

švarkas
jas

paltas
mantel

lietpaltis
regenjas

kostiumas
kostuum

suknelė
jurk

vestuvinė suknelė
trouwjurk

drabužis - kleding

kostiumas

pak

naktiniai marškiniai

nachthemd

pižama

pyjama

saris

sari

skarelė

hoofddoek

tiurbanas

tulband

burka

boerka

kaftanas

kaftan

abaja

abaja

maudymosi kostiumėlis

zwempak

glaudės

zwembroek

šortai

korte broek

sportinis kostiumas

trainingspak

prijuostė

schort

pirštinės

handschoenen

saga
knoop

akiniai
bril

apyrankė
armband

vėrinys
ketting

žiedas
ring

auskaras
oorbel

kepurė
pet

pakabas
kledinghanger

skrybėlė
hoed

kaklaraištis
stropdas

užtrauktukas
rits

šalmas
helm

breketai
bretels

mokyklinė uniforma
schooluniform

uniforma
uniform

drabužis - kleding

seilinukas
slabbetje

žindukas
speen

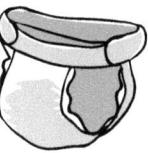

vystyklai
luier

serveris
server

dokumentų spinta
archiefkast

popierius
papier

spausdintuvas
printer

vaizduoklis
beeldscherm

rašomasis stalas
bureau

pelė
muis

aplankas
map

klaviatūra
toetsenbord

šiukšliadėžė
prullenmand

kompiuteris
computer

kėdė
stoel

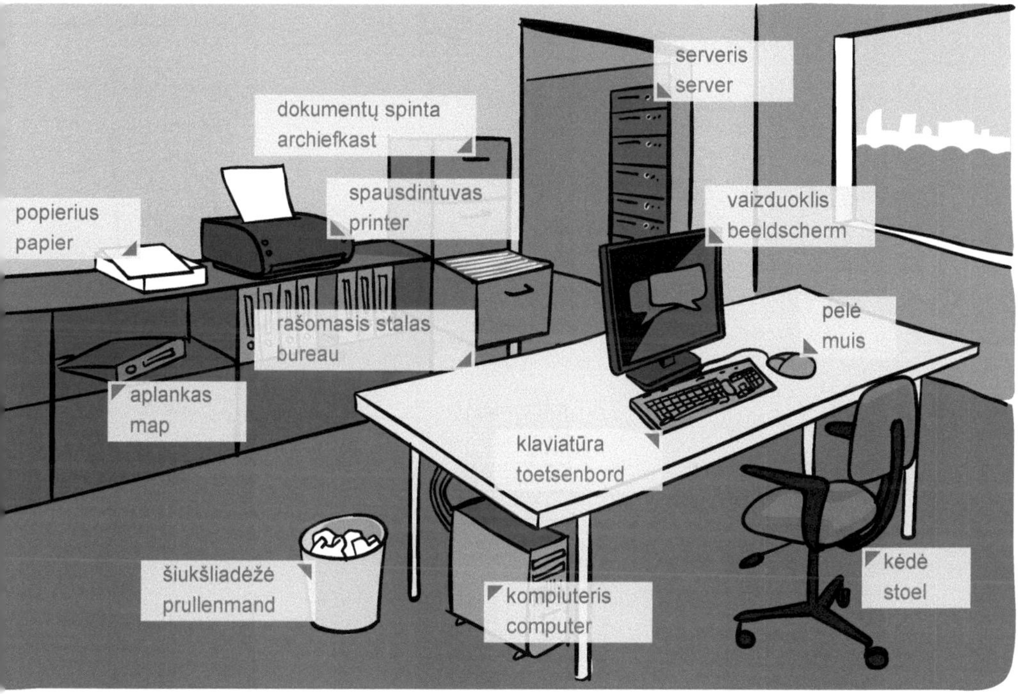

kavos puodelis
koffiemok

kalkuliatorius
rekenmachine

internetas
internet

biuras - kantoor

49

nešiojamasis kompiuteris	laiškas	žinutė
laptop	brief	bericht

mobilusis telefonas	tinklas	fotokopijavimo aparatas
mobiele telefoon	netwerk	kopieermachine

programinė įranga	telefonas	kištukinis lizdas
software	telefoon	stopcontact
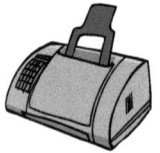	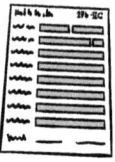	
faksas	forma	dokumentas
fax	formulier	document

pirkti

kopen

moketi

betalen

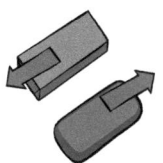

prekiauti

handel drijven

pinigai

geld

 USD

doleris

dollar

 EUR

euras

euro

JPY

jena

yen

RUB

rublis

roebel

CHF

Šveicarijos frankas

Zwitserse frank

CNY

juanis

renminbi yuan

INR

rupija

roepie

bankomatas

geldautomaat

valiutos keitykla

wisselkantoor

auksas

goud

sidabras

zilver

nafta

olie

energija

energie

kaina

prijs

sutartis

contract

mokestis

belasting

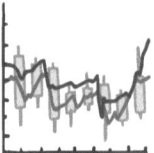

akcijos

aandeel

dirbti

werken

darbuotojas

werknemer

darbdavys

werkgever

gamykla

fabriek

parduotuvė

winkel

ekonomika - economie

profesijos
beroepen

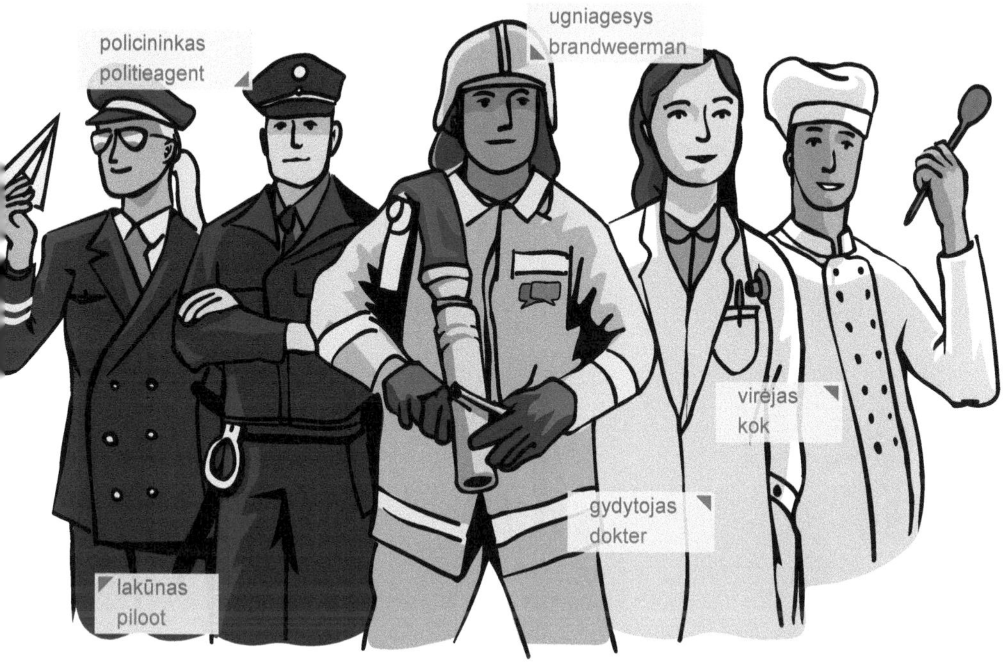

policininkas
politieagent
ugniagesys
brandweerman
virėjas
kok
gydytojas
dokter
lakūnas
piloot

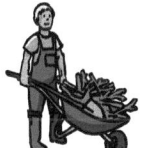

sodininkas

tuinman

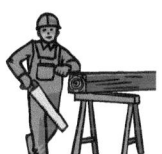

stalius

timmerman

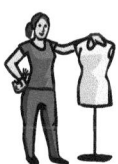

siuvėja

naaister

teisėjas

rechter

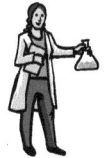

chemikas

scheikundige

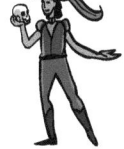

aktorius

toneelspeler

autobuso vairuotojas

buschauffeur

taksi vairuotojas

taxichauffeur

žvejys

visser

valytoja

schoonmaakster

stogdengys

dakdekker

padavėjas

ober

medžiotojas

jager

dailininkas

schilder

kepėjas

bakker

elektrikas

elektricien

statybininkas

bouwvakker

inžinierius

ingenieur

mėsininkas

slager

santechnikas

loodgieter

paštininkas

postbode

kareivis

soldaat

architektas

architect

kasininkas

kassier

gėlininkas

bloemist

kirpėjas

kapper

konduktorius

conducteur

mechanikas

monteur

kapitonas

kapitein

odontologas

tandarts

mokslininkas

wetenschapper

rabinas

rabbi

imamas

imam

vienuolis

monnik

kunigas

pastoor

įrankiai
gereedschap

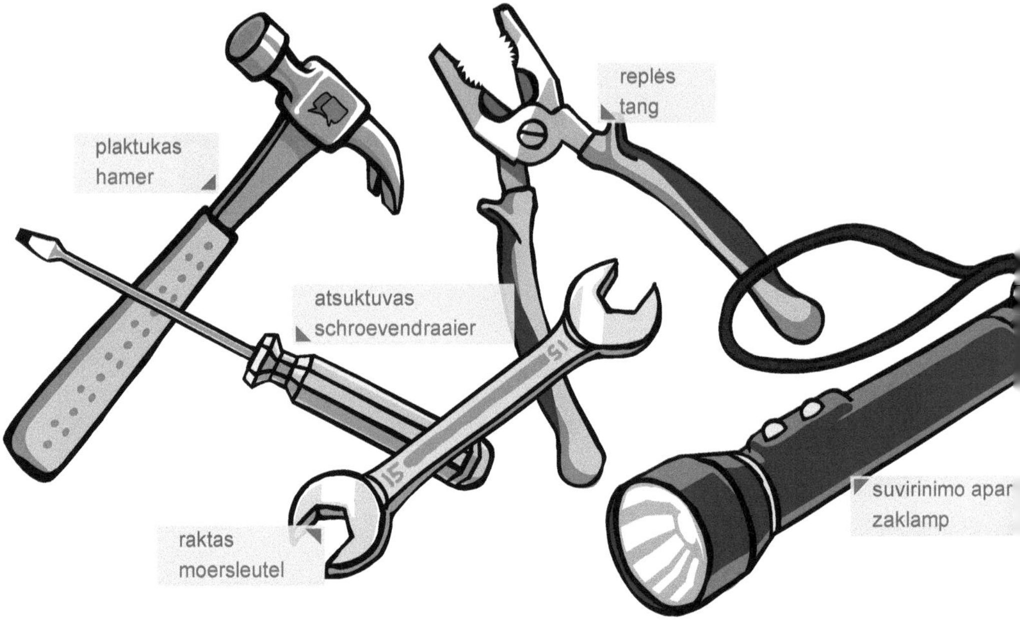

plaktukas
hamer
replės
tang
atsuktuvas
schroevendraaier
raktas
moersleutel
suvirinimo apar
zaklamp

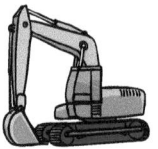

ekskavatorius

graafmachine

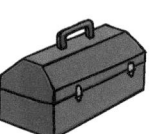

įrankių dėžė

gereedschapskist

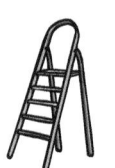

kopėčios

ladder

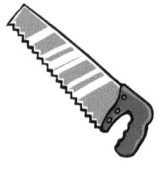

pjūklas

zaag

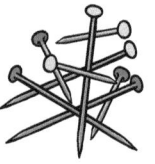

vinys

spijkers

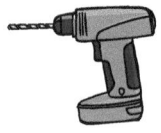

grąžtas

boor

taisyti
repareren

kastuvas
schep

Velniava!
Verdorie!

semtuvėlis
stofblik

dažų skardinė
verfpot

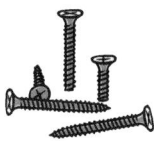

varžtai
schroeven

muzikos instrumentai
muziekinstrumenten

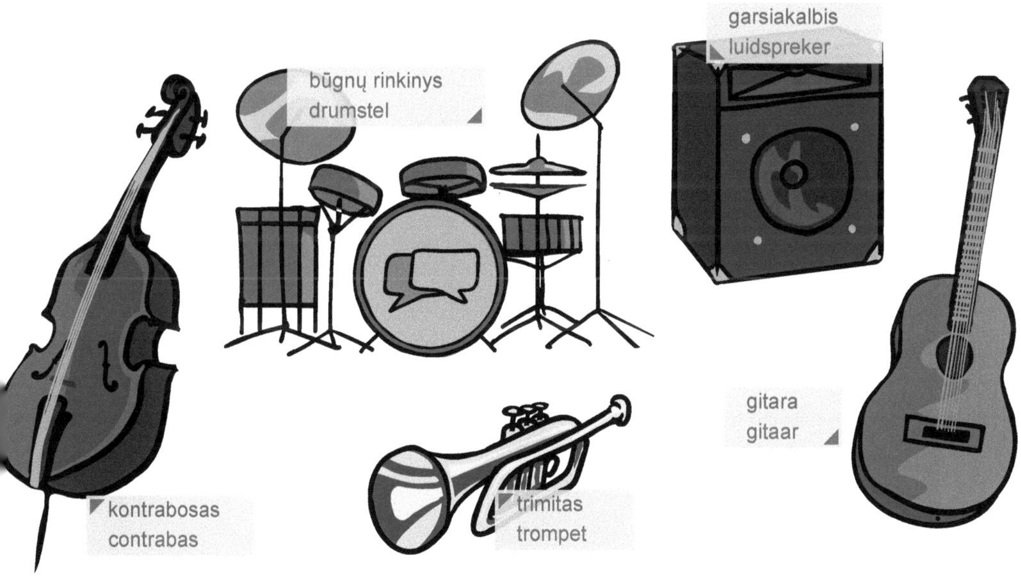

garsiakalbis
luidspreker

būgnų rinkinys
drumstel

gitara
gitaar

kontrabosas
contrabas

trimitas
trompet

pianinas

piano

smuikas

viool

bosinė gitara

bas

timpanas

pauk

būgnai

trommel

sintezatorius

keyboard

saksofonas

saxofoon

fleita

fluit

mikrofonas

microfoon

zoologijos sodas
dierentuin

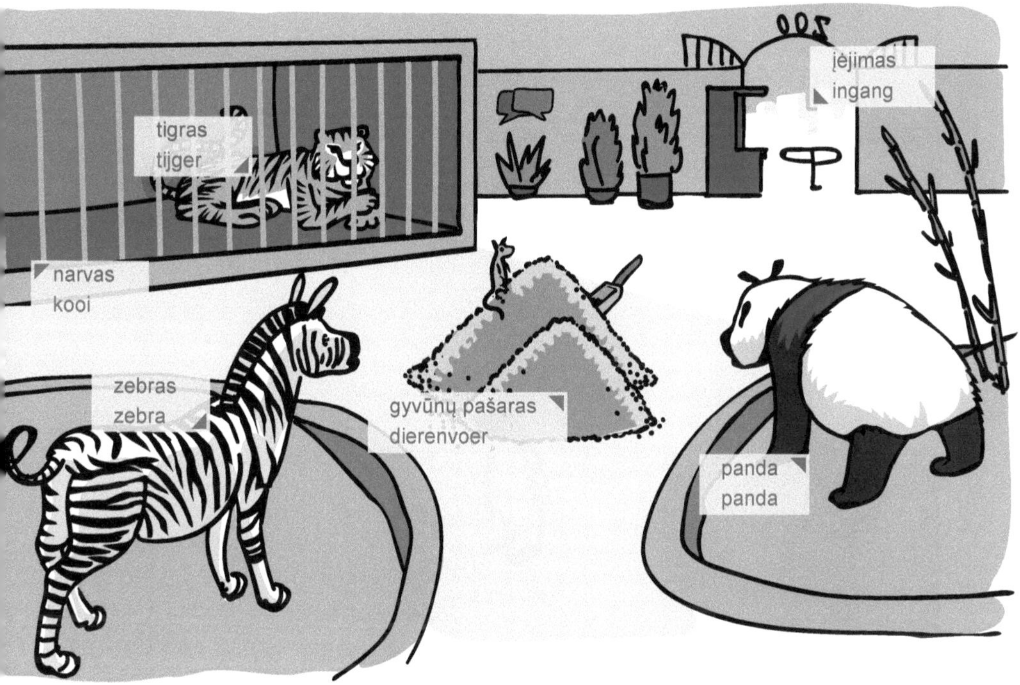
ZOO
įėjimas
ingang
tigras
tijger
narvas
kooi
zebras
zebra
gyvūnų pašaras
dierenvoer
panda
panda

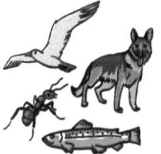

gyvūnai
dieren

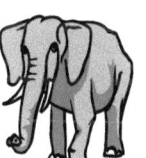

dramblys
olifant

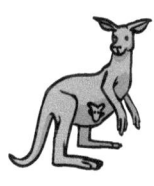

kengūra
kangoeroe

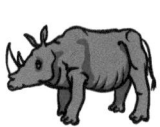

raganosis
neushoorn

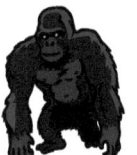

gorila
gorilla

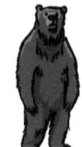

meška
beer

kupranugaris

kameel

strutis

struisvogel

liūtas

leeuw

beždžionė

aap

flamingas

flamingo

papūga

papegaai

baltoji meška

ijsbeer

pingvinas

pinguïn

ryklys

haai

povas

pauw

gyvatė

slang

krokodilas

krokodil

zoologijos sodo prižiūrėtojas

dierenverzorger

ruonis

zeehond

jaguaras

jaguar

ponis
pony

leopardas
luipaard

begemotas
nijlpaard

žirafa
giraffe

erelis
adelaar

šernas
wild zwijn

žuvis
vis

vėžlys
schildpad

vėplys
walrus

lapė
vos

gazelė
gazelle

amerikietiškas futbolas
American football

dviračių sportas
wielrennen

tenisas
tennis

krepšinis
basketbal

plaukimas
zwemmen

boksas
boksen

ledo ritulys
ijshockey

futbolas
voetbal

badmintonas
badminton

atletika
atletiek

rankinis
handbal

slidinėjimas
skiën

polas
polo

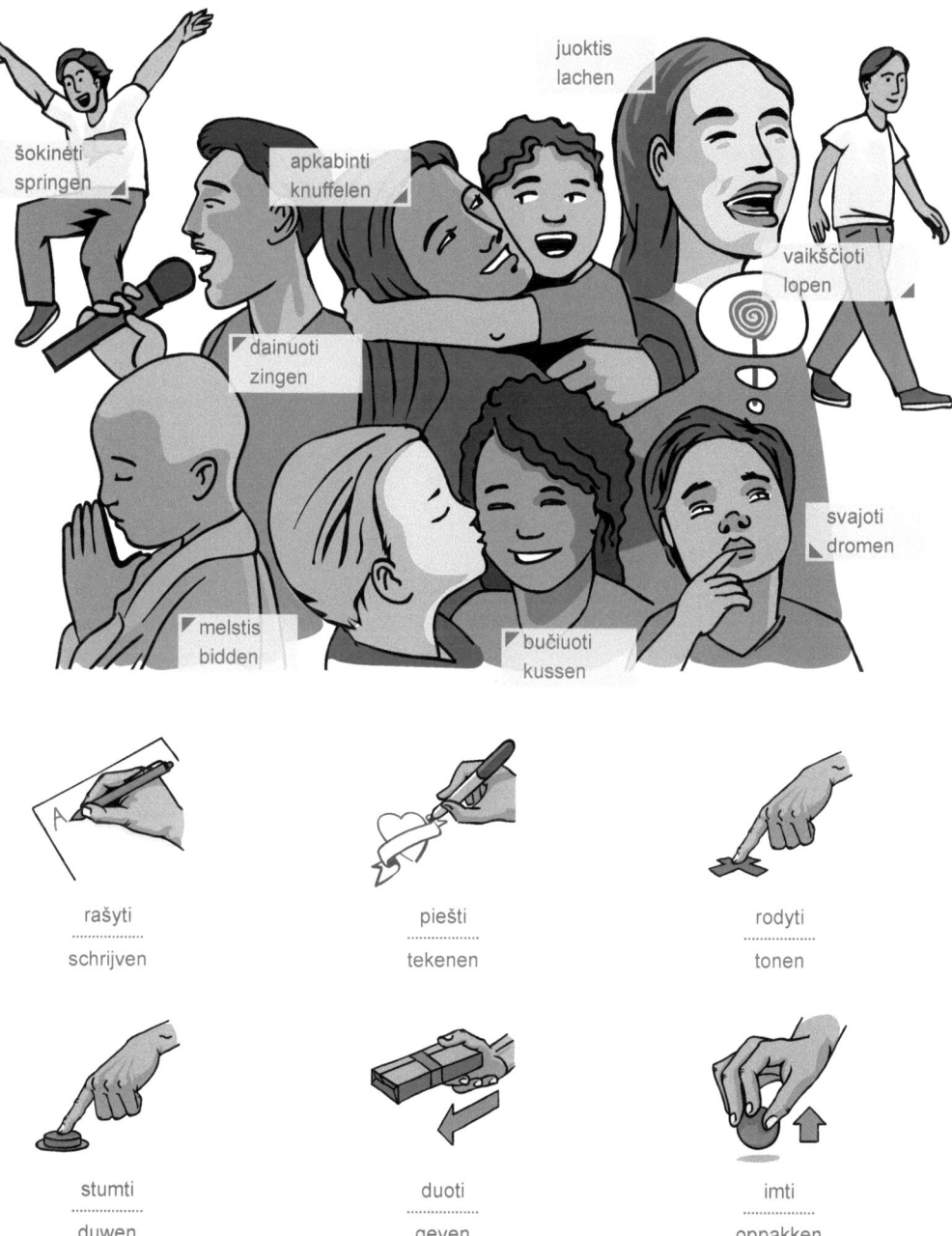

juoktis
lachen

šokinėti
springen

apkabinti
knuffelen

vaikščioti
lopen

dainuoti
zingen

svajoti
dromen

melstis
bidden

bučiuoti
kussen

rašyti
schrijven

piešti
tekenen

rodyti
tonen

stumti
duwen

duoti
geven

imti
oppakken

turėti

hebben

daryti

doen

būti

zijn

stovėti

staan

bėgti

rennen

traukti

trekken

mesti

gooien

kristi

vallen

meluoti

liggen

laukti

wachten

nešti

dragen

sėdėti

zitten

rengtis

aankleden

miegoti

slapen

pabusti

wakker worden

žiūrėti
bekijken

verkti
huilen

glostyti
strelen

šukuoti
kammen

kalbėti
praten

suprasti
begrijpen

paklausti
vragen

klausytis
horen

gerti
drinken

valgyti
eten

tvarkytis
opruimen

mylėti
houden van

gaminti
koken

vairuoti
rijden

skristi
vliegen

buriuoti

zeilen

skaičiuoti

rekenen

skaityti

lezen

mokytis

leren

dirbti

werken

vesti

trouwen

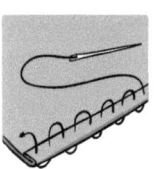

siūti

naaien

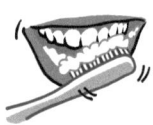

valytis dantis

tandenpoetsen

žudyti

doden

rūkyti

roken

siųsti

verzenden

senelė
grootmoeder

senelis
grootvader

tėvas
vader

motina
moeder

kūdikis
baby

dukra
dochter

sūnus
zoon

svečias
gast

teta
tante

dėdė
oom

brolis
broer

sesuo
zus

kūnas
lichaam

kakta
voorhoofd
akis
oog
petys
schouder
pirštas
vinger
veidas
gezicht
smakras
kin
plaštaka
hand
krūtinė
borst
koja
been
ranka
arm

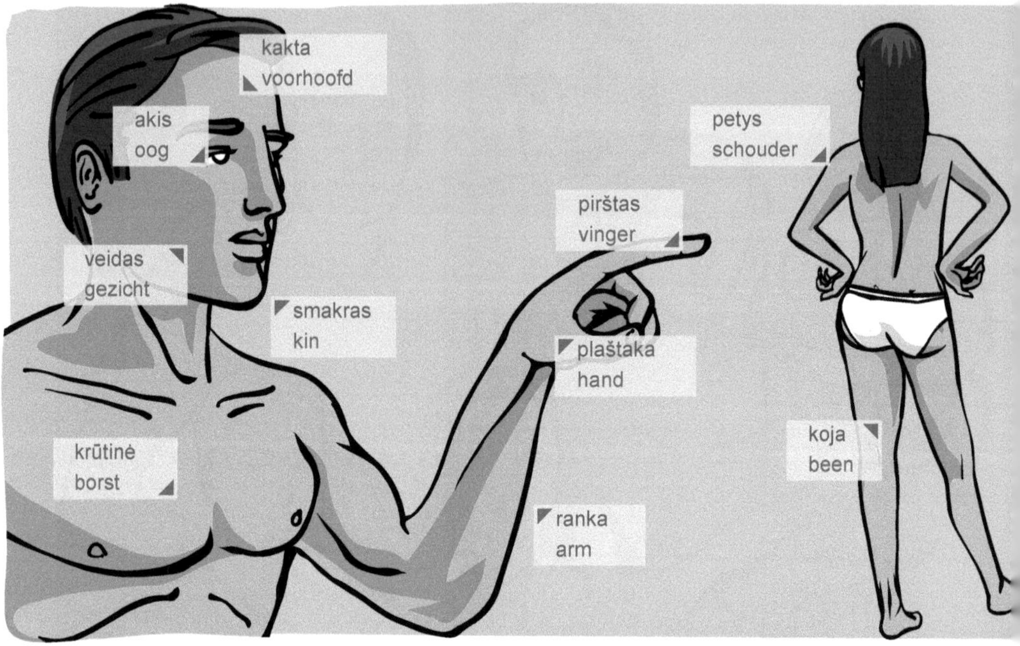

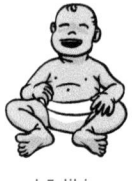

kūdikis
baby

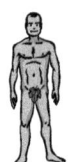

vyras
man

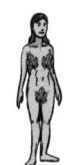

moteris
vrouw

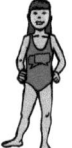

mergaitė
meisje

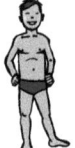

berniukas
jongen

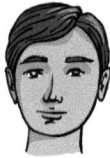

galva
hoofd

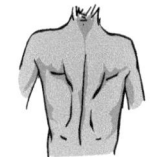

nugara

rug

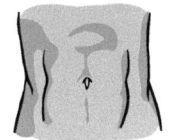

pilvas

buik

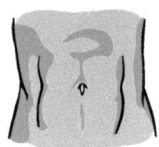

bamba

navel

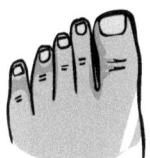

kojos pirštas

teen

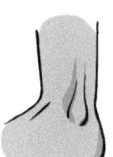

kulnas

hiel

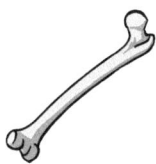

kaulas

bot

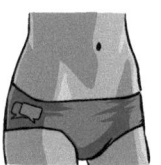

klubas

heup

kelis

knie

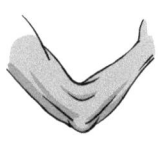

alkūnė

elleboog

nosis

neus

sėdmenys

achterwerk

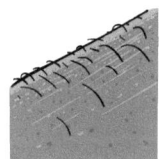

oda

huid

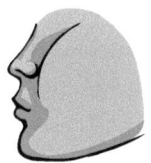

skruostas

wang

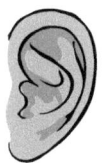

ausis

oor

lūpa

lippen

burna

mond

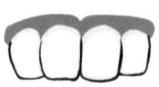

dantis

tand

liežuvis

tong

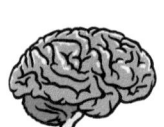

smegenys

hersenen

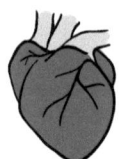

širdis

hart

raumuo

spier

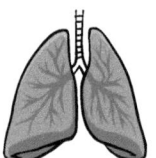

plaučiai

long

kepenys

lever

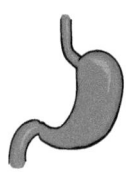

skrandis

maag

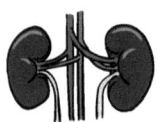

inkstai

nieren

seksas

geslachtsgemeenschap

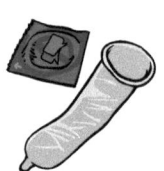

prezervatyvas

condoom

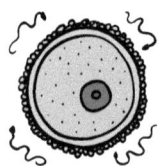

kiaušialąstė

eicel

sperma

sperma

nėštumas

zwangerschap

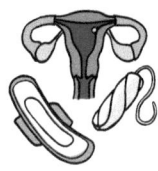

menstruacijos
menstruatie

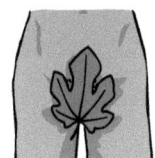

makštis
vagina

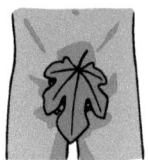

varpa
penis

antakis
wenkbrauw

plaukai
haar

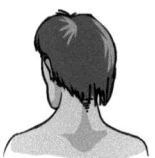

kaklas
hals

ligoninė
ziekenhuis

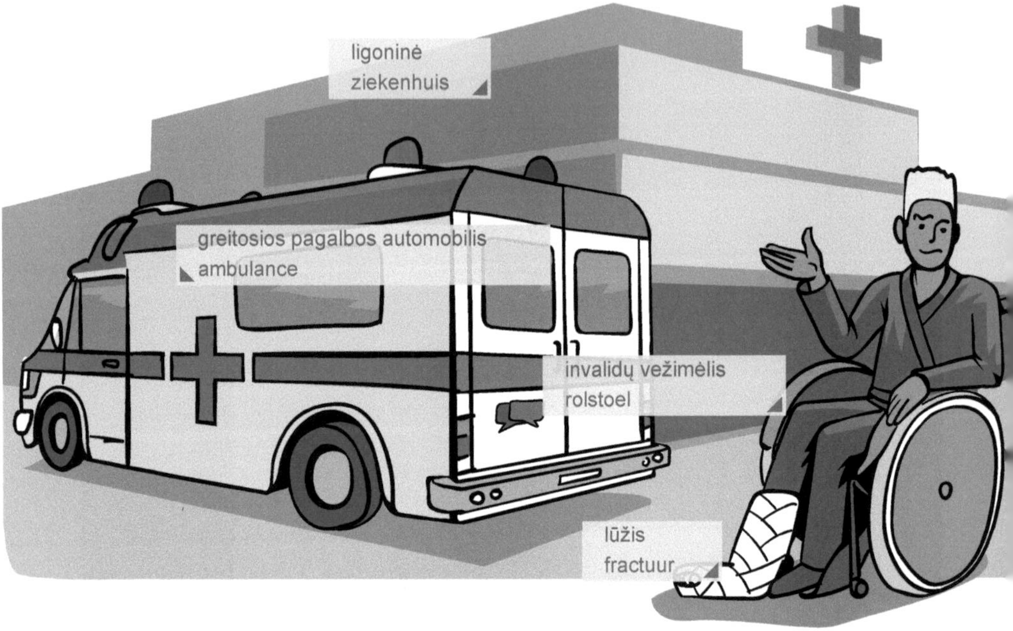

ligoninė
ziekenhuis
greitosios pagalbos automobilis
ambulance
invalidų vežimėlis
rolstoel
lūžis
fractuur

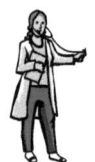

gydytojas
dokter

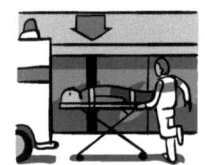

skubios pagalbos skyrius
EHBO

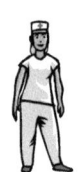

slaugytoja
verpleegster

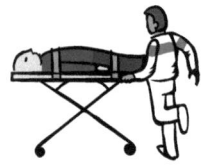

nelaimingas atsitikimas
noodgeval

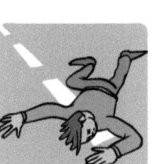

be sąmonės
bewusteloos

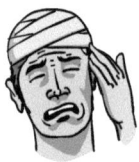

skausmas
pijn

sužalojimas

verwonding

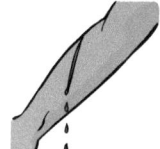

kraujavimas

bloeding

širdies smūgis

hartaanval

insultas

beroerte

alergija

allergie

kosulys

hoest

karščiavimas

koorts

gripas

griep

viduriavimas

diarree

galvos skausmas

hoofdpijn

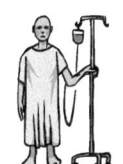

vėžys

kanker

diabetas

diabetes

chirurgas

chirurg

skalpelis

scalpel

operacija

operatie

KT
CT

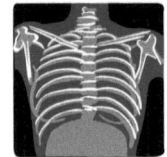

rentgenas
röntgen

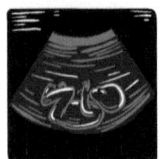

ultragarsas
echografie

veido kaukė
gezichtsmasker

liga
ziekte

laukiamasis
wachtkamer

ramentas
kruk

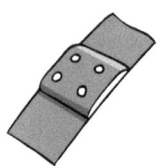

gipsas
pleister

tvarstis
verband

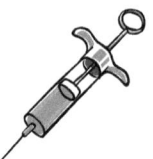

injekcija
injectie

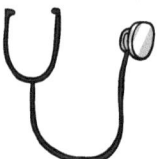

stetoskopas
stethoscoop

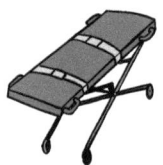

neštuvai
brancard

termometras
thermometer

gimimas
geboorte

antsvoris
overgewicht

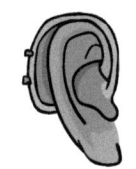

klausos aparatas

gehoorapparaat

dezinfekavimo priemonė

ontsmettingsmiddel

infekcija

infectie

virusas

virus

ŽIV / AIDS

HIV / AIDS

vaistas

medicijn

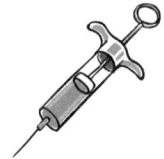

skiepijimas

inenting

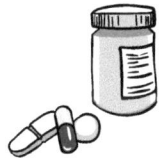

tabletės

tabletten

piliulė

pil

kubios pagalbos numeris

alarmnummer

kraujospūdžio matuoklis

bloeddrukmeter

ligotas / sveikas

ziek / gezond

Padėkite!

Help!

pavojaus signalas

alarm

užpuolimas

overval

ataka

aanval

pavojus

gevaar

avarinis išėjimas

nooduitgang

Gaisras!

Brand!

gesintuvas

brandblusser

nelaimingas atsitikimas

ongeluk

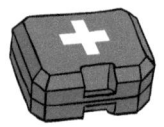

pirmosios pagalbos rinkinys

EHBO-koffer

SOS

SOS

policija

politie

Europa

Europa

Šiaurės Amerika

Noord-Amerika

Pietų Amerika

Zuid-Amerika

Afrika

Afrika

Azija

Azië

Australija

Australië

Atlanto vandenynas

Atlantische Oceaan

Ramusis vandenynas

Stille Oceaan

Indijos vandenynas

Indische Oceaan

Pietų vandenynas

Zuidelijke Oceaan

Arkties vandenynas

Noordelijke IJszee

Šiaurės ašigalis

Noordpool

Pietų ašigalis

Zuidpool

Antarktida

Antarctica

Žemė

aarde

sausuma

land

jūra

zee

sala

eiland

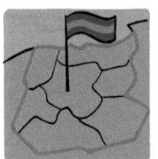

tauta

natie

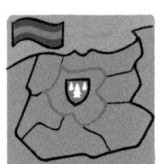

valstybė

staat

ciferblatas

wijzerplaat

valandinė rodyklė

uurwijzer

minutinė rodyklė

minutenwijzer

sekundinė rodyklė

secondewijzer

Kiek valandų?

Hoe laat is het?

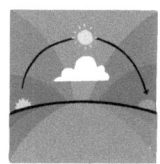

diena

dag

laikas

tijd

dabar

nu

skaitmeninis laikrodis

digitaal horloge

minutė

minuut

valanda

uur

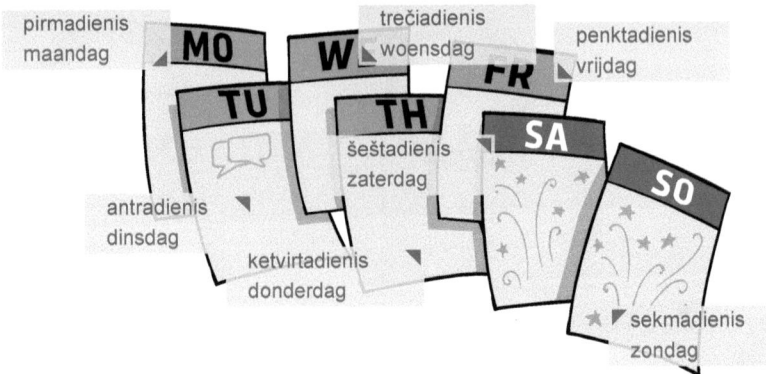

pirmadienis
maandag

trečiadienis
woensdag

penktadienis
vrijdag

antradienis
dinsdag

šeštadienis
zaterdag

ketvirtadienis
donderdag

sekmadienis
zondag

vakar

gisteren

šiandien

vandaag

rytoj

morgen

rytas

ochtend

vidurdienis

middag

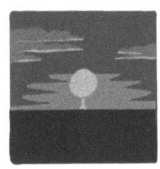

vakaras

avond

MO	TU	WE	TH	FR	SA	SU
1	2	3	4	5	6	7
8	9	10	11	12	13	14
15	16	17	18	19	20	21
22	23	24	25	26	27	28
29	30	31	1	2	3	4

darbo dienos

werkdagen

MO	TU	WE	TH	FR	SA	SU
1	2	3	4	5	6	7
8	9	10	11	12	13	14
15	16	17	18	19	20	21
22	23	24	25	26	27	28
29	30	31	1	2	3	4

savaitgalis

weekend

vaivorykštė
regenboog

lietus
regen

vėjas
wind

sniegas
sneeuw

pavasaris
voorjaar

ruduo
herfst

vasara
zomer

žiema
winter

4.APRIL	11°	☀
5.APRIL	4°	☔
6.APRIL	13°	☔
7.APRIL	8°	☀
8.APRIL	10°	☀

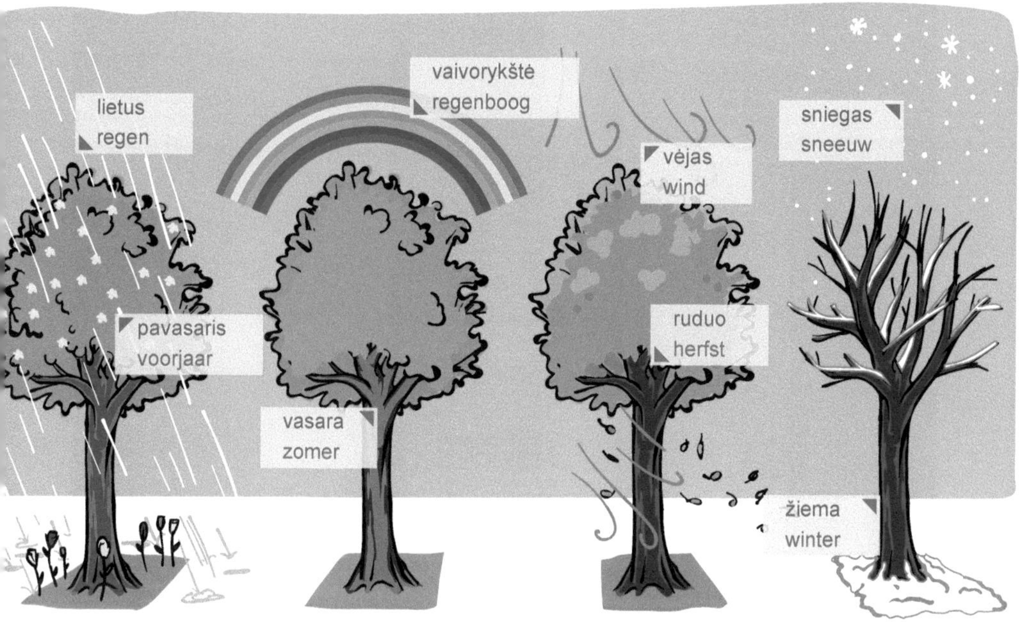

orų prognozė
weerbericht

lauko termometras
thermometer

saulės šviesa
zonneschijn

debesis
wolk

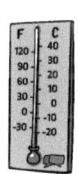

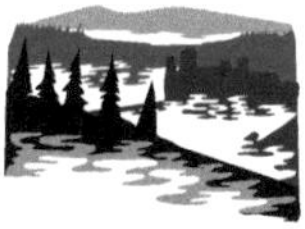

rūkas
mist

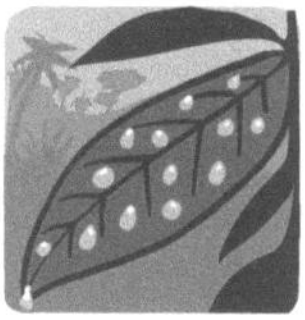

drėgmė
luchtvochtigheid

žaibas

bliksem

griaustinis

donder

audra

storm

kruša

hagel

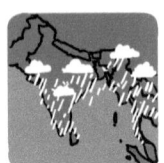

musonas

moesson

potvynis

overstroming

ledas

ijs

sausis

januari

vasaris

februari

kovas

maart

balandis

april

gegužė

mei

birželis

juni

liepa

juli

rugpjūtis

augustus

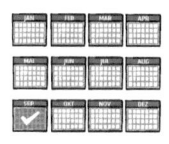

rugsėjis
....
september

spalis
....
oktober

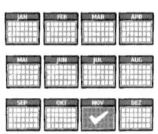

lapkritis
....
november

gruodis
....
december

formos

vormen

apskritimas
....
cirkel

kvadratas
....
vierkant

stačiakampis
....
rechthoek

trikampis
....
driehoek

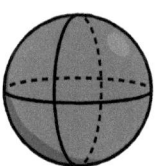

sfera
....
bol

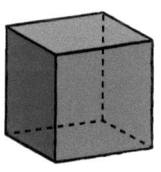

kubas
....
kubus

balta
wit

geltona
geel

oranžinė
oranje

rožinė
roze

raudona
rood

violetinė
paars

mėlyna
blauw

žalia
groen

ruda
bruin

pilka
grijs

juoda
zwart

daug / mažai

veel / weinig

piktas / ramus

boos / rustig

gražus / bjaurus

mooi / lelijk

pradžia / pabaiga

begin / einde

didelis / mažas

groot / klein

šviesus / tamsus

licht / donker

brolis / sesuo

broer / zus

švarus / purvinas

schoon / vies

užbaigtas / neužbaigtas

volledig / onvolledig

diena / naktis

dag/ nacht

miręs / gyvas

dood / levend

platus / siauras

breed / smal

valgomas / nevalgomas

eetbaar / oneetbaar

piktas / malonus

gemeen / aardig

linksmas / nuobodus

opgewonden / verveeld

storas / plonas

dik / dun

pirmiausia / paskiausia

eerste / laatste

draugas / priešas

vriend / vijand

pilnas / tuščias

vol / leeg

kietas / minkštas

hard / zacht

sunkus / lengvas

zwaar / licht

alkis / troškulys

honger / dorst

ligotas / sveikas

ziek / gezond

nelegalus / legalus

illegaal / legaal

protingas / kvailas

intelligent / dom

kairė / dešinė

links / rechts

arti / toli

dichtbij / ver

naujas / naudotas

nieuw / gebruikt

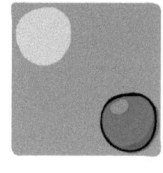

niekas / kažkas

niets / iets

senas / jaunas

oud / jong

įjungta / išjungta

aan / uit

atidaryta / uždaryta

open / gesloten

tylus / garsus

zacht / luid

turtingas / vargšas

rijk / arm

teisus / neteisus

goed / fout

šiurkštus / švelnus

ruw / glad

liūdnas / laimingas

verdrietig / gelukkig

trumpas / ilgas

kort / lang

lėtas / greitas

langzaam / snel

drėgnas / sausas

nat / droog

šiltas / šaltas

warm / koel

karas / taika

oorlog / vrede

0

nulis
nul

1

vienas
één

2

du
twee

3

trys
drie

4

keturi
vier

5

penki
vijf

6

šeši
zes

7

septyni
zeven

8

aštuoni
acht

9

devyni
negen

10

dešimt
tien

11

vienuolika
elf

12	**13**	**14**
dvylika	trylika	keturiolika
twaalf	dertien	veertien

15	**16**	**17**
penkiolika	šešiolika	septyniolika
vijftien	zestien	zeventien

18	**19**	**20**
aštuoniolika	devyniolika	dvidešimt
achttien	negentien	twintig

100	**1.000**	**1.000.000**
šimtas	tūkstantis	milijonas
honderd	duizend	miljoen

anglų

Engels

amerikiečių anglų

Amerikaans Engels

kinų (mandarinų)

Chinees Mandarijn

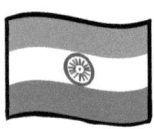

hindi

Hindi

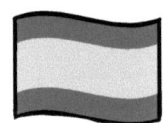

ispanų

Spaans

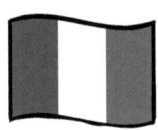

prancūzų

Frans

arabų

Arabisch

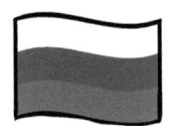

rusų

Russisch

portugalų

Portugees

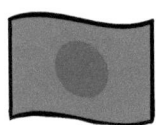

bengalų

Bengalees

vokiečių

Duits

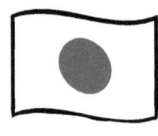

japonų

Japans

aš
ik

tu
jij

jis / ji
hij / zij / het

mes
wij

jūs
jullie

jie
zij

kas?
wie?

ką?
wat?

kaip?
hoe?

kur?
waar?

kada?
wanneer?

vardas
naam

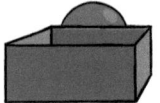

už
....
achter

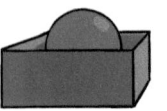

kur (vieta)
....
in

priešais
....
voor

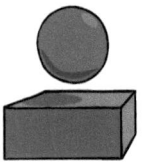

virš
....
boven

ant
....
op

po
....
onder

prie
....
naast

tarp
....
tussen

vieta
....
plaats